सीताराम

Rama-Raksha-Stotram Legacy Book

-

Endowment of Devotion

ः

Embellish it with Your

Rama Namas

& Present it to Someone You Love

ःः

श्रीरामरक्षा-स्तोत्रम् व राम-नाम माला

Belongs to ______________________________

Presented to ______________________________

____

____

Published by: RAMA-Nama Journals
(an Imprint of e1i1 Corporation)

Title: Rama-Raksha-Stotram Legacy Book - Endowment of Devotion
Sub-Title: Embellish it with your Rama Namas & present it to someone you love

Author/Designer: Sushma

Parts of this book have been derived/inspired from our other publication:
"Rama Hymns" (Authored by Sushma)

Identifiers

ISBN: **978-1-945739-99-6** (Paperback)
ISBN: **978-1-945739-96-5** (Hardcover)

—o—

—o—

www.e1i1.com -- www.OnlyRama.com
email: e1i1*books*e1i1@gmail.com

⌘⌘⌘⌘⌘⌘⌘⌘⌘⌘⌘⌘⌘⌘⌘⌘⌘⌘⌘⌘⌘⌘⌘⌘⌘⌘
⌘⌘⌘⌘⌘⌘⌘⌘⌘⌘⌘⌘⌘⌘⌘⌘⌘⌘⌘⌘⌘⌘⌘⌘⌘⌘

कलिजुग केवल हरि गुन गाहा । गावत नर पावहिं भव थाहा ॥

kalijuga kevala hari guna gāhā, gāvata nara pāvahiṁ bhava thāhā.

कलिजुग जोग न जग्य न ग्याना । एक अधार राम गुन गाना ॥

kalijuga joga na jagya na gyānā, eka adhāra rāma guna gānā.

The only appointed means for the Kali-Yuga is singing the praises of the Lord—just following that simple path people are able to cross this turbulent worldly life. In this Yuga neither Yoga nor Yagya nor Wisdom is of much avail—the only hope is in chanting the Holy-Name राम राम राम.

⌘⌘⌘⌘⌘

In all the four ages; in all times, past, present, or future; in the three spheres of creation—anyone that repeats the name **राम** becomes blessed. The name of Rāma is like the Tree-of-Heaven, and is the centre of all that is good in the world, and whoever meditates upon it verily becomes transformed—even the vile-most turn holy. As Narasingh became manifest to destroy Hiranyākashyap, the enemy of gods, in order to protect Prahlād—so is the Name of Rāma **राम** for the destruction of the wicked and protection of devout.

The chanting of Rāma-Nāma is a direct way to liberation. By repeating the **राम** name—whether in joy or in sadness, in activity or in repose—bliss is diffused all around. According to the Vedas, just as the Sun dispels darkness, the chanting of Rāma-Nāma dispels all the evils and obstacles of life. The Rāma Nāma cures agony and showers the blessings of God; all righteous wishes get fulfilled; jealousy and pride disappear; life becomes imbued with satisfaction and peace; all of life's needs fall in place naturally—just like a miracle of nature guiding nature's forces. You may not always get what you want in the exact same form, but the Rāma-Nāma will sanctify things and bring to you the same needed happiness and bliss in a much more refined and lasting way. Life truly becomes filled with tranquility. With the Rāma-Nāma, an immense sense of inner spiritual wellbeing is experienced apart from a gain of external material happiness.

⌘⌘⌘⌘⌘

राम नाम मनिदीप धरु जीह देहरीं द्वार ।

rāma nāma manidīpa dharu jīha deharīṁ dvāra,

तुलसी भीतर बाहेरहुँ जौं चाहसि उजिआर ॥

tulasī bhītara bāherahuṁ jauṁ cāhasi ujiāra.

O Tulsīdās, place the luminous gem in the shape of the divine name 'Rāma' on the tongue—which is at the threshold, the doorway to the inside—and you will have light both on inside and outside. (i.e. Always chant **राम**, and its radiance will illumine your mind, body, life—all around, everywhere, inside out.)

—⌘⌘⌘⌘⌘⌘⌘⌘⌘⌘—

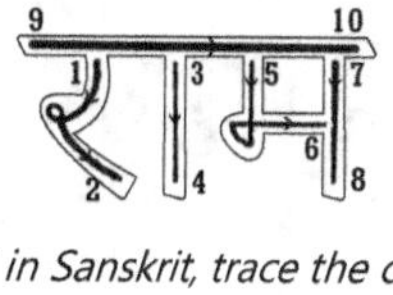

*To write **राम** in Sanskrit, trace the contours 1-2 (which is the sound of **r** in '**r**un'), 3-4 (the sound **a** in '**a**rk'), 5-6 & 7-8 (the sound **m** in '**m**ust') and lastly mark the top line 9-10. Please note the pronunciation: **राम** rhymes with calm.*

Rāma Jayam: Journal for writing the Holy-Name **राम**. Once embellished with your Rāma-Nāmas, this journal will become a priceless treasure which you can present to your loved ones—an unparalleled gift of love, labor, caring, wishing, and above all—Devotion.

॥ अथ श्रीरामरक्षा स्तोत्रम् ॥

॥ atha śrī rāma rakṣā stotram ॥

अस्य

श्रीरामरक्षास्तोत्र

मन्त्रस्य

बुधकौशिक ऋषिः

asya śrī rāma rakṣāstotra
mantrasya budha kauśika ṛṣiḥ

अस्य श्रीरामरक्षास्तोत्रमन्त्रस्य बुधकौशिक ऋषिः
asya śrī rāma rakṣāstotra mantrasya budha kauśika ṛṣiḥ

श्रीसीतारामचन्द्रो देवता अनुष्टुप् छन्दः
śrī sītā rāma candro devatā anuṣṭup chandaḥ

श्रीसीतारामचन्द्रो देवता अनुष्टुप् छन्दः

śrī sītā rāma candro devatā anuṣṭup chandaḥ

[॥ अथ श्रीरामरक्षा स्तोत्रं - atha śrī rāma rakṣā stotraṁ ॥ Now commences śrī-rāma-rakṣā stotraṁ]

Of this Rāmrakshāstotra (**Hymn-of-Rāma**—for gaining **Protection**) the *Rishi* is: Buddha-Kaushik; the eight syllable quarter *Anushthap* is: the Meter; and the Deity: **Shrī Sītā-Ramachandra**.

सीता शक्तिः श्रीमान् हनुमान् कीलकं

sītā śaktiḥ śrīmān hanumān kīlakaṁ

सीता शक्तिः श्रीमान् हनुमान् कीलकं

sītā śaktiḥ śrīmān hanumān kīlakaṁ

श्रीरामचन्द्रप्रीत्यर्थे रामरक्षास्तोत्रजपे विनियोगः ॥

śrī rāma candra prītyarthe rāma rakṣā stotra jape viniyogaḥ .

श्रीरामचन्द्रप्रीत्यर्थे

रामरक्षास्तोत्रजपे

विनियोगः ॥

śrī rāma candra prītyarthe
rāma rakṣā stotra jape
viniyogaḥ .

Shrī Sītā is the underlying energy: *Shakti*; and **Shrī Hanumān**: the anchor; the usage is: Recitation. This Rāmrakshāstotra is invoked through recitation—to please Shrī Ramachandra and earn His benediction and grace.

ध्यायेदाजानुबाहुं

धृतशरधनुषं

बद्धपद्मासनस्थं

dhyāye dājānu bāhuṁ
dhṛta śara dhanuṣaṁ
baddha padmā sanasthaṁ

-- *अथ ध्यानम्* . *atha dhyānam* --

ध्यायेदाजानुबाहुं धृतशरधनुषं बद्धपद्मासनस्थं

dhyāye dājānu bāhuṁ dhṛta śara dhanuṣaṁ baddha padmā sanasthaṁ

पीतं वासो वसानं नवकमलदलस्पर्धिनेत्रं प्रसन्नम् ।

pītaṁ vāso vasānaṁ nava kamala dala spardhi netraṁ prasannam ,

पीतं वासो वसानं

नवकमलदलस्पर्धि

नेत्रं प्रसन्नम् ।

pītaṁ vāso vasānaṁ nava kamala dala spardhi netraṁ prasannam ,

-- [**Meditate**] --

Meditate upon Him: of abundant arms, holding bow and arrows in His hands, donning yellow apparels, seated in a lotus posture; of a beaming countenance, whose exquisite eyes—which compete with the petals of fresh lotus

वामाङ्करूढसीता
मुखकमलमिल
ल्लोचनं नीरदाभं

vāmāṅka rūḍha sītā
mukha kamala mila
llocanaṁ nīra dābhaṁ

वामाङ्करूढसीतामुखकमलमिलल्लोचनं नीरदाभं
vāmāṅka rūḍha sītā mukha kamala mila llocanaṁ nīra dābhaṁ
नानालंकारदीप्तं दधतमुरुजटामण्डलं रामचन्द्रम् ॥
nānā laṁkāra dīptaṁ dadhata murujaṭā maṇḍalaṁ rāma candram .

-- *इति ध्यानम्* . *iti dhyānam* --

राम राम

नानालंकारदीप्तं
दधतमुरुजटा
मण्डलं रामचन्द्रम् ॥

nānā laṁkāra dīptaṁ
dadhata murujaṭā
maṇḍalaṁ rāma candram ।

—are locked on the lovely lotus-faced Sītā sitting to his left. Upon Him—of a hue dark as heavy rain-clouds, crowned with long dense matted hair, who shines resplendent with several ornaments—upon Him, Bhagwan Shrī Ramachandra, meditate.

-- [Meditation concludes (Mantras Begin)] --

चरितं रघुनाथस्य
शतकोटि
प्रविस्तरम् ।

caritaṁ raghu nāthasya
śata koṭi pravis taram ,

चरितं रघुनाथस्य शतकोटि प्रविस्तरम् ।
caritaṁ raghu nāthasya śata koṭi pravis taram ,
एकैकमक्षरं पुंसां महापातकनाशनम् ॥ १ ॥
ek aikam akṣaraṁ puṁsāṁ mahā pātaka nāśa nam . 1 .

एकैकमक्षरं पुंसां
महापातक
नाशनम् ॥ १ ॥

ek aikam akṣaraṁ
puṁsāṁ mahā pātaka
nāśa nam ॥ 1 ॥

Illimitable the resplendent glory of Raghunāth, a hundred billion words in extent—each and every word of which destructs the most grievous sin.

ध्यात्वा

नीलोत्पलश्यामं

रामं

राजीवलोचनम् ।

dhyātvā nīlotpala śyāmaṁ rāmaṁ rājīva locanam ,

ध्यात्वा नीलोत्पलश्यामं रामं राजीवलोचनम् ।
dhyā tvā nīl otpala śyāmaṁ rāmaṁ rājīva locanam ,

जानकीलक्ष्मणोपेतं जटामुकुटमण्डितम् ॥ २ ॥
jānakī lakṣmaṇo petaṁ jaṭā mukuṭa maṇḍitam . 2 .

जानकीलक्ष्मणोपेतं

जटामुकुट

मण्डितम् ॥ २ ॥

jānakī lakṣmaṇo petaṁ
jaṭā mukuṭa maṇḍitam .2.

Meditating upon Him—of a hue that is a dark blue, with eyes like a pair of lotuses, well-adorned with a crown of matted hair—accompanied by Sītā and Lakshman;

सासितूण
धनुर्बाणपाणिं
नक्तंचरान्तकम् ।

sāsitūṇa dhanur bāṇa
pāṇiṁ naktaṁ
carāntakam,

सासितूणधनुर्बाणपाणिं नक्तंचरान्तकम् ।
sāsitūṇa dhanur bāṇa pāṇiṁ naktaṁ carāntakam ,
स्वलीलया जगत्त्रातुमविर्भूतमजं विभुम् ॥ ३ ॥
sva līlayā jagat trātuma virbhūta majaṁ vibhum . 3 .

स्वलीलया

जगत्त्रातुम

विर्भूतमजं

विभुम् ॥ ३ ॥

sva līlayā jagat trātuma
virbhūta majaṁ vibhuṁ .3.

who wields sword, bow and arrows, the destroyer of demons; who, though birthless, of his own will became Incarnate to protect the world—

रामरक्षां पठेत्प्राज्ञः पापघ्नीं सर्वकामदाम् ।

rāma rakṣāṁ paṭhet prājñaḥ pāpaghnīṁ sarva kāma dām ,

रामरक्षां पठेत्प्राज्ञः पापघ्नीं सर्वकामदाम् ।
rāma rakṣāṁ paṭhet prājñaḥ pāpa ghnīṁ sarva kāma dām ,
शिरो मे राघवः पातु भालं दशरथात्मजः ॥ ४ ॥
śiro me rāghavaḥ pātu bhālaṁ daśarath ātmajaḥ . 4 .

शिरो मे राघवः
पातु भालं
दशरथात्मजः ॥ ४ ॥

śiro me rāghavaḥ pātu
bhālaṁ daśarath ātmajaḥ. 4 .

—meditating upon Him: Shrī Rāma, the wise recite this Rāmrakshāstotra—which destroys all sins, grants every desire, and bestows God's protection. Now then I pray: May Rāghav guard the head; may Dasharatha's son protect the forehead.

कौसल्येयो दृशौ
पातु विश्वामित्रप्रियः
श्रुती ।

kausalyeyo dṛśau pātu
viśvā mitra priyaḥ śrutī ,

कौसल्येयो दृशौ पातु विश्वामित्रप्रियः श्रुती ।
kausal yeyo dṛśau pātu viśvā mitra priyaḥ śrutī ,
घ्राणं पातु मखत्राता मुखं सौमित्रिवत्सलः ॥ ५ ॥
ghrāṇaṁ pātu makha trātā mukhaṁ saumitri vatsalaḥ . 5 .

घ्राणं पातु

मखत्राता मुखं

सौमित्रिवत्सलः

॥ ५ ॥

ghrāṇaṁ pātu makhatrātā
mukhaṁ saumitri vatsalaḥ
5

May the eyes stand protected by the son of Kausalyā; the ears by the favorite disciple of Vishwāmitra; the nasals by the savior of sacrificial fires; the mouth by Him who is most affectionate to the son of Sumitrā.

जिह्वां विद्यानिधिः पातु कण्ठं भरतवंदितः ।

jihvāṁ vidyā nidhiḥ pātu kaṇṭhaṁ bharata vaṁditaḥ ,

जिह्वां विद्यानिधिः पातु कण्ठं भरतवंदितः ।
jihvāṁ vidyā nidhiḥ pātu kaṇṭhaṁ bharata vaṁditaḥ ,
स्कन्धौ दिव्यायुधः पातु भुजौ भग्नेशकार्मुकः ॥ ६ ॥
skandhau divyā yudhaḥ pātu bhujau bhag neśa kārmukaḥ . 6 .

राम
राम
राम
राम
राम
राम
राम
राम
राम
राम
राम
राम
राम
राम
राम
राम
राम
राम
राम
राम
राम
राम
राम
राम
राम

स्कन्धौ दिव्यायुधः
पातु भुजौ
भग्नेशकार्मुकः ॥ ६ ॥

skandhau divyāyudhaḥ
pātu bhujau bhagneśa
kārmukaḥ . 6 .

May the ocean-of-wisdom protect the tongue; Bharat's Lord the neck. May the wielder of celestial weapons shield the shoulders; may the arms be fortified by His mighty arms who effortlessly broke the Bow of Shankara.

Dt.

करौ सीतापतिः

पातु हृदयं

जामदग्न्यजित् ।

karau sītā patiḥ pātu
hṛdayaṁ jāma dagnya jit ,

करौ सीतापतिः पातु हृदयं जामदग्न्यजित् ।
karau sītā patiḥ pātu hṛdayaṁ jāma dagnya jit ,
मध्यं पातु खरध्वंसी नाभिं जाम्बवदाश्रयः ॥ ७ ॥
madhyaṁ pātu khara dhvaṁsī nābhiṁ jāmbavad āśrayaḥ . 7 .

मध्यं पातु
खरध्वंसी नाभिं
जाम्बवदाश्रयः ॥ ७ ॥

madhyaṁ pātu khara
dhvaṁsī nābhiṁ
jāmbavad āśrayaḥ . 7 .

May the Lord of Sītā protect the hands; may He, who won over Parshurām, protect the heart; may the middle be preserved by the slayer of demon Khara; may He, who gave shelter to Jāmvant, shelter the navel.

Dt: ______________________

सुग्रीवेशः कटी

पातु सक्थिनी

हनुमत्प्रभुः ।

sugrīveśaḥ kaṭī pātu
sakthinī hanumat
prabhuḥ,

सुग्रीवेशः कटी पातु सक्थिनी हनुमत्प्रभुः ।
sugrī veśaḥ kaṭī pātu sakthinī hanumat prabhuḥ ,
ऊरू रघूत्तमः पातु रक्षःकुलविनाशकृत् ॥ ८ ॥
ūrū raghū ttamaḥ pātu rakṣaḥ kula vināśakṛt . 8 .

ऊरू रघूत्तमः पातु
रक्षःकुलविनाशकृत्
॥८॥

ūrū raghūttamaḥ pātu
rakṣaḥ kula vināśakṛt . 8 .

May the Master of Sugrīva protects the waist; may the Lord of Hanumān protect the hips. May the laps stand protected by the best of Raghus scion—who is the destroyer of lineage of demons.

जानुनी सेतुकृत्पातु जङ्घे दशमुखान्तकः ।

jānunī setu kṛtpātu jaṅaghe daśa mukhāntakaḥ ,

जानुनी सेतुकृत्पातु जङ्घे दशमुखान्तकः ।
jānunī setu kṛtpātu jaṅaghe daśa mukh āntakaḥ ,
पादौ बिभीषणश्रीदः पातु रामोऽखिलं वपुः ॥ ९ ॥
pādau bibhīṣaṇ aśrīdaḥ pātu rām o'khilaṁ vapuḥ . 9 .

पादौ
विभीषणश्रीदः पातु
रामोऽखिलं वपुः
॥ ९ ॥

pādau bibhīṣaṇaśrīdaḥ
pātu rāmo'khilaṁ vapuḥ
9

May He, who spanned a bridge across the sea—guard the knees; may the slayer of the Ten-Headed demon—protect the shins; may the bestower of kingdom to Vibhīshan—protect the feet. May Shrī Rāma be the armor of the entire body.

Dt: ____________________

एतां रामबलोपेतां

रक्षां यः सुकृती

पठेत् ।

etāṁ rāmabalo petāṁ
rakṣāṁ yaḥ sukṛtī paṭhet ,

एतां रामबलोपेतां रक्षां यः सुकृती पठेत् ।
etāṁ rāma balo petāṁ rakṣāṁ yaḥ sukṛtī paṭhet ,
स चिरायुः सुखी पुत्री विजयी विनयी भवेत् ॥ १० ॥
sa cirāyuḥ sukhī putrī vijayī vinayī bhavet . 10 .

स च्चिरायुः सुखी

पुत्री विजयी विनयी

भवेत् ॥ १० ॥

sa cirāyuḥ sukhī putrī
vijayī vinayī bhavet . 10 .

Blessed souls who recite this Hymn—replete with the potency of Lord Rāma—lead long prosperous lives, fortified full of blessings: such as longevity, happiness, progeny, humility, success.

पातालभूतलव्योम

चारिणश्छद्मचारिणः ।

pātāla bhūtala vyoma

cāriṇa śchadma cāriṇaḥ ,

पातालभूतलव्योमचारिणश्छद्मचारिणः ।

pātāla bhūtala vyoma cārịna śchadma cāriṇaḥ ,

न द्रष्टुमपि शक्तास्ते रक्षितं रामनामभिः ॥ ११ ॥

na draṣṭu mapi śakt āste rakṣitaṁ rāma nāma bhiḥ . 11 .

न द्रष्टुमपि शक्तास्ते
रक्षितं रामनामभिः
॥ ११ ॥

na draṣṭumapi śaktāste
rakṣitaṁ rāmanāma
bhiḥ . 11 .

Evil spirits that travel secretly changing forms—the hidden wanderers of earth, heaven, and hell—can not even catch a glimpse of those who stand protected by the power of the chant of Rāma-Nāma.

Dt: ____________________

रामेति रामभद्रेति

रामचन्द्रेति वा

स्मरन् ।

rāmeti rāma bhadreti rāma candreti vā smaran ,

रामेति समभद्रेति रामचन्द्रेति वा स्मरन् ।
rāmeti rāma bhadreti rāma candreti vā smaran ,
नरो न लिप्यते पापैभुक्तिं मुक्तिं च विन्दति ॥ १२ ॥
naro na lipyate pāpai bhuktiṁ muktiṁ ca vindati . 12 .

नरो न लिप्यते
पापैभुक्तिं मुक्तिं च
विन्दति ॥ १२ ॥

naro na lipyate pāpai
bhuktim muktim ca
vindati . 12 .

People who continually reflect upon His names: like Rāma, Rāmbhadra, Rāmachandra, never get entangled in sin; and with ease they attain the aim of their choosing—be it final emancipation, or a zestful worldly life.

जगज्जैत्रैकमन्त्रेण
रामनाम्ना
ऽभिरक्षितम् ।

jagajjaitraikamantreṇa
rāma nāmnā 'bhirakṣitam ,

जगज्जैत्रैकमन्त्रेण रामनाम्नाऽभिरक्षितम् ।
jagajjai traikam antreṇa rāma nāmnā 'bhirakṣ itam ,
यः कण्ठे धारयेत्तस्य करस्थाः सर्वसिद्धयः ॥ १३ ॥
yaḥ kaṇṭhe dhāra yettasya kara sthāḥ sarva siddha yaḥ . 13 .

यः कण्ठे धारयेत्तस्य

करस्थाः सर्वसिद्धयः

॥ १३ ॥

yaḥ kaṇṭhe dhārayettasya
karasthāḥ sarva siddha
yaḥ . 13 .

They who wear on their neck [memorize] this Hymn—the sole world-winning Mantra—get all *Siddhis* (supernatural powers) within their grasp.

वज्रपञ्जरनामेदं यो

रामकवचं स्मरेत् ।

vajra pañjara nāmedaṁ yo rāma kavacaṁ smaret ,

वज्रपञ्जरनामेदं यो रामकवचं स्मरेत् ।
vajra pañjara nāmedaṁ yo rāma kavacaṁ smaret ,

अव्याहताज्ञः सर्वत्र लभते जयमङ्गलम् ॥ १४ ॥
avyā hatā jñaḥ sarvatra labhate jaya maṅgalam . 14 .

अव्याहताज्ञः सर्वत्र
लभते जयमङ्गलम्

॥ १४ ॥

avyāhatājñaḥ sarvatra
labhate jaya maṅgalam
. 14 .

Those who stand fortified by this Armor of Rāma—known as the Cage of Diamond—command obedience over all; and they remain ever victorious, ever bright, ever auspicious.

आदिष्टवान्यथा

स्वप्ने रामरक्षामिमां

हरः ।

ādiṣṭa vānyathā svapne

rāma rakṣā mimāṁ harah ,

आदिष्टवान्यथा स्वप्ने रामरक्षामिमां हरः ।

ādiṣṭa vānyathā svapne rāma rakṣā mimāṁ haraḥ ,

तथा लिखितवान्प्रातः प्रभुद्धो बुधकौशिकः ॥ १५ ॥

tathā likhita vān prātaḥ pra bhuddho budha kauśikaḥ . 15 .

तथा लिखितवान्प्रातः

प्रभुद्धो बुधकौशिकः

॥ १५ ॥

tathā likhitavān prātaḥ
prabhuddho budha
kauśikaḥ . 15 .

It was in a revelation that this protective Shield-of-Rāma was divulged by Lord Shiva; and upon waking it was transcribed by Buddha-Kaushik as ordained.

आरामः कल्पवृक्षाणां

विरामः

सकलापदाम् ।

ārāmaḥ kalpa vṛkṣāṇāṁ
virāmaḥ sakal āpadām ,

राम राम

आरामः कल्पवृक्षाणां विरामः सकलापदाम् ।
ārāmaḥ kalpa vṛkṣāṇāṁ virā maḥ sakal āpadām ,
अभिरामस्त्रिलोकानां रामः श्रीमान्स नः प्रभुः ॥ १६ ॥
abhirāmas trilok ānāṁ rāmaḥ śrī mānsa naḥ prabhuḥ . 16 .

अभिरामस्त्रिलोका
नां रामः श्रीमान्स
नः प्रभुः ॥ १६ ॥

abhirāmas trilokānāṁ
rāmaḥ śrīmānsa naḥ
prabhuḥ . 16 .

He—who is the destroyer of every obstacle—who is, as it were, a grove of wish-yielding trees—who is the praise of all the three worlds—He Shrī Rāma—is our Bhagwān, Lord-God Supreme.

तरुणौ रूपसम्पन्नौ

सुकुमारौ

महाबलौ ।

tarunau rūpa sampannau
sukumārau mahā balau ,

तरुणौ रूपसम्पन्नौ सुकुमारौ महाबलौ ।
taruṇau rūpa sampannau su kumārau mahā balau ,
पुण्डरीकविशालाक्षौ चीरकृष्णाजिनाम्बरौ ॥ १७ ॥
puṇḍarīka viśāl ākṣau cīra kṛṣṇā jinām barau . 17 .

पुण्डरीकविशालाक्षौ
चीरकृष्णाजिनाम्बरौ
॥ १७ ॥

puṇḍarīka viśālākṣau cīra
kṛṣṇā jinām barau . 17 .

Full of beauty, charming youths mighty and strong, with lotus-like broad exquisite eyes, who have donned the bark of tree and dark deer skins—

फलमूलाशिनौ

दान्तौ तापसौ

ब्रह्मचारिणौ ।

phala mūlāśinau dāntau
tāpasau brahma cāriṇau ,

फलमूलाशिनौ दान्तौ तापसौ ब्रह्मचारिणौ ।
phala mūl āśinau dāntau tāpasau brahma cāriṇau ,
पुत्रौ दशरथस्यैतौ भ्रातरौ रामलक्ष्मणौ ॥ १८ ॥
putrau daśa ratha syaitau bhrā tarau rāma lakṣmaṇau . 18 .

पुत्रौ दशरथस्यैतौ

भ्रातरौ

रामलक्ष्मणौ

॥ १८ ॥

putrau daśarathasyaitau
bhrātarau rāma
lakṣmaṇau . 18 .

—who subsist on fruits and roots who live as celibates practicing penance, those sons of Dashrath—the two brothers Rāma and Lakshman

शरण्यौ

सर्वसत्त्वानां श्रेष्ठौ

सर्वधनुष्मताम् ।

śaraṇyau sarva sattvānāṁ

śreṣṭhau sarva

dhanuṣ matām ,

शरण्यौ सर्वसत्त्वानां श्रेष्ठौ सर्वधनुष्मताम् ।

śaraṇ yau sarva satt vānāṁ śre ṣṭhau sarva dhanuṣ matām ,

रक्षः कुलनिहन्तारौ त्रायेतां नो रघूत्तमौ ॥ १९ ॥

rakṣaḥ kulani hantārau trā yetāṁ no raghū ttamau . 19 .

राम राम

रक्षःकुलनिहन्तारौ त्रायेतां नो रघूत्तमौ ॥ १९ ॥

rakṣaḥ kulani hantārau trāyetāṁ no raghūttamau . 19 .

—the foremost amongst all archers, the destroyers of whole race of demons, who give life and shelter to all beings—those best of scions of Raghus, may they grant protection to me.

आत्तसज्जधनुषा

विषुस्पृशा

वक्षयाशुगनिषङ्ग

सङ्गनौ ।

ātta sajja dhanuṣā
viṣuspṛśā vakṣayāśuga
niṣaṅga saṅganau ,

राम राम राम राम राम राम राम राम राम राम राम राम राम राम राम राम राम राम राम

आत्तसज्जधनुषाविषुस्पृशावक्षयाशुगनिषङ्गसङ्गनौ ।

ātta sajja dhanuṣā viṣu spṛśā vakṣay āśuga niṣaṅga saṅganau ,

रक्षणाय मम रामलक्ष्मणावग्रतः पथि सदैव गच्छताम् ॥ २० ॥

rakṣ aṇāya mama rāma lakṣmaṇ āvagrataḥ pathi sadaiva gacch atām . 20 .

रक्षणाय मम

रामलक्ष्मणावग्रतः

पथि सदैव

गच्छताम् ॥ २० ॥

rakṣaṇāya mama rāma
lakṣmaṇā vagrataḥ pathi
sadaiva gacchatām . 20 .

Accompanying me, with bows pulled and ready, with their hand stroking the arrows, with quivers full of unfailing arms slung on their back—may those wayfarers Rāma and Lakshman always stay in the front—as I traverse my path—granting their protective care.

संनद्धः कवची
खड्गी चापबाणधरो
युवा ।

saṁnaddhaḥ kavacī khaḍgī cāpa bāṇa dharo yuvā ,

संनद्धः कवची खड्गी चापबाणधरो युवा ।
saṁ naddhaḥ kavacī khaḍgī cāpa bāṇa dharo yuvā ,
गच्छन्मनोरथान्नश्च रामः पातु सलक्ष्मणः ॥ २१ ॥
gacchan manorath ānnaśca rāmaḥ pātu sa lakṣmaṇaḥ . 21 .

गच्छन्मनोरथान्नश्च

रामः पातु

सलक्ष्मणः ॥ २१ ॥

gacchan manorathānnaśca
rāmaḥ pātu sa lakṣmaṇaḥ
. 21 .

Always prepared and armored—armed with bows, arrows, swords—of youthful forms—may Rāma and Lakshman always abide ahead of me, protecting my cherished thoughts.

रामो दाशरथिः शूरो लक्ष्मणानुचरो बली ।

rāmo dāśarathiḥ śūro lakṣmaṇānucaro balī ,

रामो दाशरथिः शूरो लक्ष्मणानुचरो बली ।

rāmo dāśarathiḥ śūro lakṣmaṇ ānucaro balī ,

काकुत्स्थः पुरुषः पूर्णः कौसल्येयो रघूत्तमः ॥ २२ ॥

kākuts thaḥ puruṣaḥ pūrṇaḥ kausal yeyo raghū ttamaḥ . 22 .

काकुत्स्थः पुरुषः
पूर्णः कौसल्येयो
रघूत्तमः ॥ २२ ॥

kākutsthaḥ puruṣaḥ
pūrṇaḥ kausalyeyo
raghūttamaḥ
22

They who recites these names of Rāma: Rāma, Dāsharathī [Dasharath's son], Shūro [Brave], Lakshman-anucharo [whom Lakshman follows], Balī [Powerful], Kākutstha [Kakutstha's Descendent], Purusha [the Supreme-Reality beyond Māyā], Pūrna [Complete], Kausalyeyo [Kausalyā's son], Raghūttama [Best of Raghus];

वेदान्तवेद्यो यज्ञेशः

पुराणपुरुषोत्तमः ।

vedānta vedyo yajñeśaḥ
purāṇa puruṣottamaḥ ,

वेदान्तवेद्यो यज्ञेशः पुराणपुरुषोत्तमः ।
vedānta vedyo yajñ eśaḥ purāṇa puruṣ ottamaḥ ,
जानकीवल्लभः श्रीमान् अप्रमेय पराक्रमः ॥ २३ ॥
jānakī vallabh aḥ śrī mān aprameya parā kramaḥ . 23 .

जानकीवल्लभः
श्रीमान् अप्रमेय
पराक्रमः ॥ २३ ॥

jānakī vallabhah śrīmān
aprameya parākramah
. 23 .

Vedānta-Vedyo [Import of Vedanta], Yagyesha [Lord of Yagya], Purāṇa [Ancient-Most], Purushottama [Supreme-Most], Jānakī-Vallabha [Sītā's Beloved], Shrīmān [Lord of Prosperity], Aprameya-Parākrami [Immeasurably-Brave]—

इत्येतानि जपन्नित्यं

मद्भक्तः

श्रद्धयान्वितः ।

ityetāni japannityaṁ
madbhaktaḥ
śraddhayānvitaḥ ,

इत्येतानि जपन्नित्यं मद्भक्तः श्रद्धयान्वितः ।
itye tāni japan nityaṁ mad bhaktaḥ śraddha yānvitaḥ ,
अश्वमेधाधिकं पुण्यं सम्प्राप्नोति न संशयः ॥ २४ ॥
aśva medhā dhikaṁ puṇyaṁ sam prāp noti na saṁś ayaḥ . 24 .

राम राम

अश्वमेधाधिकं पुण्यं
सम्प्राप्नोति न
संशयः ॥ २४ ॥

aśva medhādhikaṁ
puṇyaṁ samprāp noti na
saṁśayaḥ
24

—they who recites these names of Rāma everyday with faith, such devotees of mine will assuredly get the fruit of Ashwamegha Yagya and more—of this let there be no doubt [says Lord Shankar].

रामं दुर्वादलश्यामं

पद्माक्षं

पीतवाससम् ।

rāmaṁ durvādala śyāmaṁ
padmākṣaṁ pīta vāsasam ,

रामं दुर्वादलश्यामं पद्माक्षं पीतवाससम् ।
rāmaṁ durvā dala śyāmaṁ padm ākṣaṁ pīta vāsa sam ,
स्तुवन्ति नामभिर्दिव्यैर्न ते संसारिणो नराः ॥ २५ ॥
stu vanti nāmabhir div yairna te saṁ sāriṇo narāḥ . 25 .

स्तुवन्ति

नामभिर्दिव्यैर्न ते

संसारिणो नराः

॥ २५ ॥

stu vanti nāmabhir
divyairna te saṁ sāriṇo
narāḥ .25 .

Chanting these divine names and singing the praises of Shrī Rāma—He, who wears yellow raiments, the lotus-eyed Lord of dark complexion, of a swarthy hue as the leaves of dark *Doorba*—the faithful are never anymore trapped in the cycle of transmigration.

रामं लक्ष्मणपूर्वजं

रघुवरं सीतापतिं

सुन्दरं

rāmaṁ lakṣmaṇa
pūrvajaṁ raghuvaraṁ
sītāpatiṁ sundaraṁ

रामं लक्ष्मणपूर्वजं रघुवरं सीतापतिं सुन्दरं
rāmaṁ lakṣmaṇa pūrvajaṁ raghu varaṁ sītā patiṁ sundaraṁ
काकुत्स्थं करुणार्णवं गुणनिधिं विप्रप्रियं धार्मिकम् ।
kākut sthaṁ karuṇār ṇavaṁ guṇa nidhiṁ vipra priyaṁ dhārmikam ,

काकुत्स्थं करुणार्णवं
गुणनिधिं विप्रप्रियं
धार्मिकम् ।

kākutsthaṁ
karuṇārṇavaṁ guṇa
nidhiṁ vipra priyaṁ
dhārmikam ,

Unto Rāma—the revered of Lakshman, the best of the House of Raghus, the most-charming Lord of Sītā, the ocean of compassion, the scion of Kakustha, a treasurehouse of virtues, the darling of the virtuous, most religious and wise;

राजेन्द्रं सत्यसंधं

दशरथतनयं

श्यामलं शान्तमूर्तिं

rājendraṁ satya saṁdhaṁ
daśaratha tanayaṁ
śyāmalaṁ śānta mūrtiṁ

राजेन्द्रं सत्यसंधं दशरथतनयं श्यामलं शान्तमूर्तिं
rājendraṁ satya saṁdhaṁ daśaratha tanayaṁ śyāmalaṁ śānta mūrtiṁ
वन्दे लोकाभिरामं रघुकुलतिलकं राघवं रावणारिम् ॥ २६ ॥
vande lok ābhirāmaṁ raghu kula tilakaṁ rāghavaṁ rāvaṇā rim . 26 .

वन्दे लोकाभिरामं
रघुकुलतिलकं
राघवं रावणारिम्
॥ २६ ॥

vande lokābhirāmaṁ
raghukula tilakaṁ
rāghavaṁ rāvaṇā rim
26

who is—the Sovereign King of Kings, conjoined to Truth, the dark-complexioned son of Dashrath, Embodied-Bliss, the most exquisite in creation, the crown jewel of Raghus, slayer of the demon Rāvan—unto Him, Lord Rāghav, my repeated salutations.

रामाय रामभद्राय

रामचन्द्राय

वेधसे ।

rāmāya rāma bhadrāya
rāma candrāya vedhase ,

रामाय रामभद्राय रामचन्द्राय वेधसे ।
rāmāya rāma bhadrāya rāma candrāya vedhase ,
रघुनाथाय नाथाय सीतायाः पतये नमः ॥ २७ ॥
raghu nāthāya nāthāya sītāyāḥ pataye namaḥ . 27 .

रघुनाथाय नाथाय
सीतायाः पतये
नमः ॥ २७ ॥

raghunāthāya nāthāya
sītāyāḥ pataye namaḥ
. 27 .

I bow to Rāma; my obeisance to Rāmabhadra; my many venerations to Rāmachandra, the omniscient Lord-God Raghunāth; again and again my repeated salutations to Sītāpatī—the Lord of Sītā.

श्रीराम राम

रघुनन्दन राम राम

śrīrāma rāma
raghunandana rāma rāma

श्रीराम राम रघुनन्दन राम राम
śrīrāma rāma raghu nandana rāma rāma
श्रीराम राम भरताग्रज राम राम ।
śrīrāma rāma bharat āgraja rāma rāma ,

राम राम राम राम राम राम राम श्रीराम राम राम राम राम राम राम राम राम राम राम राम राम राम राम राम राम

श्रीराम राम

भरताग्रज

राम राम ।

śrīrāma rāma bharatāgraja rāma rāma ,

I stand in surrender to Shrī Rāma—Rāma, Rāma, Raghunandan [Raghu Scion] Rāma. I give myself unto Shrī Rāma—Rāma, Rāma, Bharatāgraja [Bharat's Elder] Rāma.

श्रीराम राम रणकर्कश राम राम

śrīrāma rāma raṇakarkaśa rāma rāma

श्रीराम राम रणकर्कश राम राम
śrīrāma rāma raṇa karkaśa rāma rāma
श्रीराम राम शरणं भव राम राम ॥ २८ ॥
śrīrāma rāma śaraṇaṁ bhava rāma rāma . 28 .

श्रीराम राम शरणं

भव राम राम

॥ २८ ॥

śrīrāma rāma śaraṇaṁ
bhava
rāma rāma . 28 .

I lay my life before Shrī Rāma—Rāma, Rāma, Rankarkasha [Terrible in Battle] Rāma. I take shelter in you O Rāma—Shrī Rāma, Rāma, Rāma; be my refuge, Lord-God.

Dt. ________________

श्रीरामचन्द्रचरणौ
मनसा स्मरामि

śrī rāmacandra caraṇau
manasā smarāmi

श्रीरामचन्द्रचरणौ मनसा स्मरामि
śrī rāma candra caraṇau manasā smarāmi
श्रीरामचन्द्रचरणौ वचसा गृणामि ।
śrī rāma candra caraṇau vacasā gṛṇāmi ,

श्रीरामचन्द्रचरणौ

वचसा गृणामि ।

śrī rāmacandra caraṇau

vacasā gṛṇāmi ,

With my heart I reverence the feet of Shrī Rāmachandra. With my speech I make veneration to the holy feet of Shrī Rāmachandra.

श्रीरामचन्द्रचरणौ शिरसा नमामि

śrī rāma candra caraṇau śirasā namāmi

राम राम

श्रीरामचन्द्रचरणौ शिरसा नमामि
śrī rāma candra caraṇau śirasā namāmi
श्रीरामचन्द्रचरणौ शरणं प्रपद्ये ॥ २९ ॥
śrī rāma candra caraṇau śaraṇaṁ prapadye . 29 .

श्रीरामचन्द्रचरणौ

शरणं प्रपद्ये

॥ २९ ॥

śrī rāma candra caraṇau
śaraṇaṁ
prapadye . 29 .

With my head I salute the sacred feet of Shrī Rāma. Bowing low I take complete refuge at the holy feet of Rāma— who is the cooling Moon to the burning flames of the world.

माता रामो मत्पिता रामचन्द्रः

mātā rāmo mat pitā rāma candraḥ

माता रामो मत्पिता रामचन्द्रः
mātā rāmo mat pitā rāma candraḥ
स्वामी रामो मत्सखा रामचन्द्रः ।
svāmī rāmo mat sakhā rāma candraḥ ,

स्वामी रामो
मत्सखा
रामचन्द्रः ।

svāmī rāmo matsakhā
rāma candraḥ ,

Rāma is my loving mother, and Rāma my protective father. Rāma is my gracious Lord, and Rāma my beloved friend.

सर्वस्वं मे रामचन्द्रो दयालु

sarva svaṁ me rāmacandro dayālu

सर्वस्वं मे रामचन्द्रो दयालु

sarva svaṁ me rāma candro dayālu

र्नान्यं जाने नैव जाने न जाने ॥ ३० ॥

rnā nyaṁ jāne naiva jāne na jāne . 30 .

र्नान्यं जाने नैव

जाने न जाने

॥ ३० ॥

rnānyaṁ jāne naiva jāne
na jāne . 30 .

My everyone and everything is only Rāmachandra, the most-compassionate Lord. Other than Rāma I know of no other—absolutely, I know of no one except Shrī Rāma.

दक्षिणे लक्ष्मणो यस्य वामे च जनकात्मजा ।

dakṣiṇe lakṣmaṇo yasya vāme ca janak ātmajā ,

दक्षिणे लक्ष्मणो यस्य वामे च जनकात्मजा ।
dakṣiṇe lakṣmaṇo yasya vāme ca janak ātmajā ,
पुरतो मारुतिर्यस्य तं वन्दे रघुनन्दनम् ॥ ३१ ॥
purato mārutir yasya taṁ vande raghu nandanam . 31 .

पुरतो मारुतिर्यस्य
तं वन्दे रघुनन्दनम्
॥ ३१ ॥

purato mārutir yasya taṁ
vande raghunandanam
. 31 .

Who has Lakshmana to his right, and the daughter of Janaka to his left; before whom Hanumān is bowing down in reverence—to that Lord Raghu-Nandan I make my obeisance.

लोकाभिरामं
रणरङ्गधीरं

loka bhirāmaṁ raṇaraṅga dhīraṁ

लोकाभिरामं रणरङ्गधीरं
lokā bhirāmaṁ raṇa raṅga dhīraṁ
राजीवनेत्रं रघुवंशनाथम् ।
rājīva netraṁ raghu vaṁśa nātham ,

राजीवनेत्रं

रघुवंशनाथम् ।

rājīva netraṁ raghuvaṁśa nāthaṁ ,

The cynosure of eyes of all beings, the most valiant in battle, the lotus-eyed Lord of the Raghu-Lineage;

कारुण्यरूपं
करुणाकरं तं

kāruṇyarūpaṁ
karuṇākaraṁ taṁ

कारुण्यरूपं करुणाकरं तं

kāruṇy arūpaṁ karuṇā karaṁ taṁ

श्रीरामचन्द्रं शरणं प्रपद्ये ॥ ३२ ॥

śrī rāma candraṁ śaraṇaṁ pra padye . 32 .

श्रीरामचन्द्रं शरणं प्रपद्ये ॥ ३२ ॥

śrī rāmacandraṁ śaraṇaṁ pra padye . 32 .

the embodiment of compassion—unto that Lord-God Rāmachandra, in complete surrender I approach.

मनोजवं

मारुततुल्यवेगं

manojavaṁ māruta tulya vegaṁ

मनोजवं मारुततुल्यवेगं
mano javaṁ māruta tulya vegaṁ
जितेन्द्रियं बुद्धिमतां वरिष्ठम् ।
jit endriyaṁ buddhi matāṁ vari ṣṭham ,

जितेन्द्रियं बुद्धिमतां वरिष्ठम् ।

jitendriyaṁ buddhi matāṁ variṣṭham ,

Who is quick as the mind and equal to his sire (the Wind) in speed—unto him—who is the master of his senses and the foremost amongst the wise;

वातात्मजं

वानरयूथमुख्यं

vātātmajaṁ vānarayūtha mukhyaṁ

वातात्मजं वानरयूथमुख्यं
vāt ātmajaṁ vānara yūtha mukhyaṁ
श्रीरामदूतं शरणं प्रपद्ये ॥ ३३ ॥
śrī rāma dūtaṁ śaraṇaṁ pra padye . 33 .

श्रीरामदूतं शरणं
प्रपद्ये ॥ ३३ ॥

śrī rāma dūtaṁ śaraṇaṁ
prapadye . 33 .

unto him—the Son-of-Wind, the chief of monkey hosts—unto that messenger of Lord Rāma—Shrī Hanumān, I come seeking refuge.

कूजन्तं राममरामेति

मधुरं मधुराक्षरम् ।

kūjantaṁ rāma rāmeti
madhuraṁ
madhurākṣaram ,

कूजन्तं राममरामेति मधुरं मधुराक्षरम् ।
kū jantaṁ rāma rāmeti madhuraṁ madhu rākṣaram ,
आरुह्य कविताशाखां वन्दे वाल्मीकिकोकिलम् ॥ ३४ ॥
āruhya kavitā śākhāṁ vande vālmīki kokilam . 34 .

आरुह्य
कविताशाखां वन्दे
वाल्मीकिकोकिलम्
॥ ३४ ॥

āruhya kavitā śākhāṁ
vande vālmīki kokilam
. 34 .

He—who sports in the woods of the glories of Sītā-Rāma like a *koel*, who is ever singing the sweet name of Rāma sitting on the branches of poesy—to him, the grand sage Vālmiki, I offer my salutations.

आपदामपहर्तारं

दातारं

सर्वसम्पदाम् ।

āpadāmapahartāraṁ
dātāraṁ sarva sampadām,

आपदामपहर्तारं दातारं सर्वसम्पदाम् ।
āpadā mapa hartāraṁ dātā raṁ sarva sampadām ,
लोकाभिरामं श्रीरामं भूयो भूयो नमाम्यहम् ॥ ३५ ॥
lokā bhirāmaṁ śrī rāmaṁ bhūyo bhūyo namām yaham . 35 .

लोकाभिरामं

श्रीरामं भूयो भूयो

नमाम्यहम्

॥ ३५ ॥

lokābhirāmaṁ śrīrāmaṁ bhūyo bhūyo namām yaham . 35 .

Unto Shrī Rāma—who takes away all the perils and difficulties of life, who is the granter of all wishes and prosperities, who is the most beloved of all beings in the world—I bow; and I bow repeatedly

भर्जनं
भवबीजानामर्जनं
सुखसम्पदाम् ।

bharjanaṁ bhavabījānām arjanaṁ sukha sampadām,

राम राम राम राम राम राम राम राम राम राम राम राम राम राम राम राम राम राम राम राम

भर्जनं भवबीजानामर्जनं सुखसम्पदाम् ।
bhar janaṁ bhava bījā nāmar janaṁ sukha sam padām ,
तर्जनं यमदूतानां रामरामेति गर्जनम् ॥ ३६ ॥
tar janaṁ yama dūtā nāṁ rāma rāmeti gar janam . 36 .

तर्जनं यमदूतानां
रामरामेति गर्जनम्
॥ ३६ ॥

tarjanaṁ yama dūtā nāṁ
rāma rāmeti gar janam
. 36 .

The chants of the name of 'Rāma' is the fiery thunder which destructs the seed of the cycle of transmigration; it is the bestower of all felicity and wealth; and it puts fear even into the heart of the messenger-of-death.

रामो राजमणिः सदा विजयते रामं रमेशं भजे

rāmo rājamaṇiḥ sadā vijayate rāmaṁ rameśaṁ bhaje

रामो राजमणिः सदा विजयते रामं रमेशं भजे
rāmo rāja maṇiḥ sadā vijayate rāmaṁ rameśaṁ bhaje
रामेणाभिहता निशाचरचमू रामाय तस्मै नमः ।
rāmeṇ ābhihatā niśā cara camū rāmāya tasmai namaḥ ,

रामेणाभिहता

निशाचरचमू

रामाय

तस्मै नमः ।

rāmeṇ ābhihatā niśācara camū rāmāya tasmai namaḥ ,

Rāma, the Crest-Jewel of Monarchs, is ever victorious; I sing the praises of Shrī Rāma, Lord of all beings. He Rāma, who decimated the whole army of night-roving demons, Him I devoutly revere.

रामान्नास्ति

परायणं परतरं

रामस्य

दासोऽस्म्यहं

rāmānnāsti parāyaṇaṁ
paratarаṁ rāmasya dāso
'smyahaṁ

रामान्नास्ति परायणं परतरं रामस्य दासोऽस्म्यहं

rāmān nāsti parā yaṇaṁ parataraṁ rāmasya dāso 'smyahaṁ

रामे चित्तलयः सदा भवतु मे भो राम मामुद्धर ॥ ३७ ॥

rāme citta layaḥ sadā bhavatu me bho rāma mām uddhara . 37 .

रामे चित्तलयः सदा भवतु मे भो राम मामुद्धर ॥ ३७ ॥

rāme cittalayaḥ sadā bhavatu me bho rāma māmuddhara
. 37 .

There is no greater refuge than Shrī Rāma; I am a servant of Shrī Rāma; my mind remains ever absorbed in Shrī Rāma. O Rāma, Lord-God Shrī Rāma, please redeem me.

राम रामेति रामेति रमे रामे मनोरमे ।

rāma rāmeti rāmeti rame rāme manorame ,

राम रामेति रामेति रमे रामे मनोरमे ।
rāma rāmeti rāmeti rame rāme mano rame ,
सहस्रनाम तत्तुल्यं रामनाम वरानने ॥ ३८ ॥
sahasra nāma tat tulyaṁ rāma nāma varā nane . 38 .

॥ इति श्रीबुधकौशिकमुनिविरचितं श्रीरामरक्षास्तोत्रम् सम्पूर्णम् ॥
॥ iti śrī-budha-kauśika-muni-viraci-taṁ śrī-rāma-rakṣā-stotram sam-pūrṇam ॥

सहस्रनाम तत्तुल्यं
रामनाम वरानने
॥ ३८ ॥

sahasra nāma tat tulyaṁ
rāma nāma varā nane .38.

Rāma, Rāma, Rāma—chanting this beautiful Name Rāma, my mind remains ever absorbed in God. The one name 'Rāma' is equivalent to a thousand other names of God, O fair-faced [Umā—says Shiva].

— Thus concludes shrī-rāma-rakshāstotram composed by shrī buddha-kaushik muni —

श्रीरामरक्षास्तोत्रम्
śrī-rāma-rakṣā-stotram

अस्य श्रीरामरक्षास्तोत्रमन्त्रस्य बुधकौशिक ऋषिः
asya śrī rāma rakṣāstotra mantrasya budha kauśika ṛṣiḥ
श्रीसीतारामचन्द्रो देवता अनुष्टुप् छन्दः
śrī sītā rāma candro devatā anuṣṭup chandaḥ
सीता शक्तिः श्रीमान् हनुमान् कीलकं
sītā śaktiḥ śrīmān hanumān kīlakaṁ
श्रीरामचन्द्रप्रीत्यर्थे रामरक्षास्तोत्रजपे विनियोगः ॥
śrī rāma candra prītyarthe rāma rakṣā stotra jape viniyogaḥ .

Trans:
Of this Rāmrakshāstotra (**Hymn-of-Rāma**—for gaining **Protection**) the *Rishi* is: Buddha-Kaushik; the eight syllable quarter *Anushthap* is: the Meter; and the Deity: **Shrī Sītā-Ramachandra**. **Shrī Sītā** is the underlying energy: *Shakti*; and **Shrī Hanumān**: the anchor; the usage is: Recitation. This Rāmrakshāstotra is invoked through recitation—to please Shrī Ramachandra and earn His benediction and grace.

-- *अथ ध्यानम्* . *atha dhyānam* --
-- [**Meditate**] --

ध्यायेदाजानुबाहुं धृतशरधनुषं बद्धपद्मासनस्थं
dhyāye dājānu bāhuṁ dhṛta śara dhanuṣaṁ baddha padmā sanasthaṁ
पीतं वासो वसानं नवकमलदलस्पर्धिनेत्रं प्रसन्नम् ।
pītaṁ vāso vasānaṁ nava kamala dala spardhi netraṁ prasannam ,
वामाङ्करूढसीतामुखकमलमिलल्लोचनं नीरदाभं
vāmāṅka rūḍha sītā mukha kamala mila llocanaṁ nīra dābhaṁ
नानालंकारदीप्तं दधतमुरुजटामण्डलं रामचन्द्रम् ॥
nānā laṁkāra dīptaṁ dadhata murujaṭā maṇḍalaṁ rāma candram .

Trans:
Meditate upon Him: of abundant arms, holding bow and arrows in His hands, donning yellow apparels, seated in a lotus posture; of a beaming countenance, whose exquisite eyes—which compete with the petals of fresh lotus—are locked on the lovely lotus-faced Sītā sitting to his left. Upon Him—of a hue dark as heavy rain-clouds, crowned with long dense matted hair, who shines resplendent with several ornaments—upon Him, Bhagwan Shrī Ramachandra, meditate.

-- *इति ध्यानम्* . *iti dhyānam* --
-- [Meditation concludes (Mantras Begin)] --

चरितं रघुनाथस्य शतकोटि प्रविस्तरम् ।

caritaṁ raghu nāthasya śata koṭi pravis taram ,

एकैकमक्षरं पुंसां महापातकनाशनम् ॥ १ ॥

ek aikam akṣaraṁ puṁsāṁ mahā pātaka nāśa nam . 1 .

Trans:

Illimitable the resplendent glory of Raghunāth, a hundred billion words in extent—each and every word of which destructs the most grievous sin.

ध्यात्वा नीलोत्पलश्यामं रामं राजीवलोचनम् ।

dhyā tvā nīl otpala śyāmaṁ rāmaṁ rājīva locanam ,

जानकीलक्ष्मणोपेतं जटामुकुटमण्डितम् ॥ २ ॥

jānakī lakṣmaṇo petaṁ jaṭā mukuṭa maṇḍitam . 2 .

सासितूणधनुर्बाणपाणिं नक्तंचरान्तकम् ।

sāsitūṇa dhanur bāṇa pāṇiṁ naktaṁ carāntakam ,

स्वलीलया जगत्त्रातुमविर्भूतमजं विभुम् ॥ ३ ॥

sva līlayā jagat trātuma virbhūta majaṁ vibhum . 3 .

रामरक्षां पठेत्प्राज्ञः पापघ्नीं सर्वकामदाम् ।

rāma rakṣāṁ paṭhet prājñaḥ pāpa ghnīṁ sarva kāma dām ,

शिरो मे राघवः पातु भालं दशरथात्मजः ॥ ४ ॥

śiro me rāghavaḥ pātu bhālaṁ daśarath ātmajaḥ . 4 .

Trans:

Meditating upon Him—of a hue that is a dark blue, with eyes like a pair of lotuses, well-adorned with a crown of matted hair; who wields sword, bow and arrows, the destroyer of demons; who, though birthless, of his own will became Incarnate to protect the world—meditating upon Him: Shrī Rāma accompanied by Sītā and Lakshman—the wise recite this Rāmrakshāstotra—which destroys all sins, grants every desire, and bestows God's protection. Now then I pray: May Rāghav guard the head; may Dasharatha's son protect the forehead.

कौसल्येयो दृशौ पातु विश्वामित्रप्रियः श्रुती ।

kausal yeyo dṛśau pātu viśvā mitra priyaḥ śrutī ,

घ्राणं पातु मखत्राता मुखं सौमित्रिवत्सलः ॥ ५ ॥

ghrāṇaṁ pātu makha trātā mukhaṁ saumitri vatsalaḥ . 5 .

Trans:

May the eyes stand protected by the son of Kausalyā; the ears by the favorite disciple of Vishwāmitra; the nasals by the savior of sacrificial fires; the mouth by Him who is most affectionate to the son of Sumitrā.

जिह्वां विद्यानिधिः पातु कण्ठं भरतवंदितः ।
jihvāṁ vidyā nidhiḥ pātu kaṇṭhaṁ bharata vaṁditaḥ ,
स्कन्धौ दिव्यायुधः पातु भुजौ भग्नेशकार्मुकः ॥ ६ ॥
skandhau divyā yudhaḥ pātu bhujau bhag neśa kārmukaḥ . 6 .

Trans:

May the ocean-of-wisdom protect the tongue; Bharat's Lord the neck. May the wielder of celestial weapons shield the shoulders; may the arms be fortified by His mighty arms who effortlessly broke the Bow of Shankara.

करौ सीतापतिः पातु हृदयं जामदग्न्यजित् ।
karau sītā patiḥ pātu hṛdayaṁ jāma dagnya jit ,
मध्यं पातु खरध्वंसी नाभिं जाम्बवदाश्रयः ॥ ७ ॥
madhyaṁ pātu khara dhvaṁsī nābhiṁ jāmbavad āśrayaḥ . 7 .

Trans:

May the Lord of Sītā protect the hands; may He, who won over Parshurām, protect the heart; may the middle be preserved by the slayer of demon Khara; may He, who gave shelter to Jāmvant, shelter the navel.

सुग्रीवेशः कटी पातु सक्थिनी हनुमत्प्रभुः ।
sugrī veśaḥ kaṭī pātu sakthinī hanumat prabhuḥ ,
ऊरू रघूत्तमः पातु रक्षःकुलविनाशकृत् ॥ ८ ॥
ūrū raghū ttamaḥ pātu rakṣaḥ kula vināśakṛt . 8 .

Trans:

May the Master of Sugrīva protects the waist; may the Lord of Hanumān protect the hips. May the laps stand protected by the best of Raghus scion—who is the destroyer of lineage of demons.

जानुनी सेतुकृत्पातु जङ्घे दशमुखान्तकः ।
jānunī setu kṛtpātu jaṅghe daśa mukh āntakaḥ ,
पादौ बिभीषणश्रीदः पातु रामोऽखिलं वपुः ॥ ९ ॥
pādau bibhīṣaṇ aśrīdaḥ pātu rām o'khilaṁ vapuḥ . 9 .

Trans:

May He, who spanned a bridge across the sea—guard the knees; may the slayer of the Ten-Headed demon—protect the shins; may the bestower of kingdom to Vibhīshan—protect the feet. May Shrī Rāma be the armor of the entire body.

एतां रामबलोपेतां रक्षां यः सुकृती पठेत् ।
etāṁ rāma balo petāṁ rakṣāṁ yaḥ sukṛtī paṭhet ,
स चिरायुः सुखी पुत्री विजयी विनयी भवेत् ॥ १० ॥
sa cirāyuḥ sukhī putrī vijayī vinayī bhavet . 10 .

Trans:

Blessed souls who recite this Hymn—replete with the potency of Lord Rāma—lead long prosperous lives, fortified full of blessings: such as longevity, happiness, progeny, humility, success.

पातालभूतलव्योमचारिणश्छद्मचारिणः ।
pātāla bhūtala vyoma cāriṇa śchadma cāriṇaḥ ,
न द्रष्टुमपि शक्तास्ते रक्षितं रामनामभिः ॥ ११ ॥
na draṣṭu mapi śakt āste rakṣitaṁ rāma nāma bhiḥ . 11 .

Trans:

Evil spirits that travel secretly changing forms—the hidden wanderers of earth, heaven, and hell—can not even catch a glimpse of those who stand protected by the power of the chant of Rāma-Nāma.

रामेति रामभद्रेति रामचन्द्रेति वा स्मरन् ।
rāmeti rāma bhadreti rāma candreti vā smaran ,
नरो न लिप्यते पापैर्भुक्तिं मुक्तिं च विन्दति ॥ १२ ॥
naro na lipyate pāpai bhuktiṁ muktiṁ ca vindati . 12 .

Trans:

People who continually reflect upon His names: like Rāma, Rāmbhadra, Rāmachandra, never get entangled in sin; and with ease they attain the aim of their choosing—be it final emancipation, or a zestful worldly life.

जगज्जैत्रैकमन्त्रेण रामनाम्नाऽभिरक्षितम् ।
jagajjai traikam antreṇa rāma nāmnā 'bhirakṣ itam ,
यः कण्ठे धारयेत्तस्य करस्थाः सर्वसिद्धयः ॥ १३ ॥
yaḥ kaṇṭhe dhāra yettasya kara sthāḥ sarva siddha yaḥ . 13 .

Trans:

They who wear on their neck [memorize] this Hymn—the sole world-winning Mantra—get all *Siddhis* (supernatural powers) within their grasp.

वज्रपञ्जरनामेदं यो रामकवचं स्मरेत् ।
vajra pañjara nāmedaṁ yo rāma kavacaṁ smaret ,
अव्याहताज्ञः सर्वत्र लभते जयमङ्गलम् ॥ १४ ॥
avyā hatā jñaḥ sarvatra labhate jaya maṅgalam . 14 .

Trans:

Those who stand fortified by this Armor of Rāma—known as the Cage of Diamond—command obedience over all; and they remain ever victorious, ever bright, ever auspicious.

आदिष्टवान्यथा स्वप्ने रामरक्षामिमां हरः ।
ādiṣṭa vānyathā svapne rāma rakṣā mimāṁ haraḥ ,
तथा लिखितवान्प्रातः प्रभुद्धो बुधकौशिकः ॥ १५ ॥
tathā likhita vān prātaḥ pra bhuddho budha kauśikaḥ . 15 .

Trans:

It was in a revelation that this protective Shield-of-Rāma was divulged by Lord Shiva; and upon waking it was transcribed by Buddha-Kaushik as ordained.

आरामः कल्पवृक्षाणां विरामः सकलापदाम् ।
ārāmaḥ kalpa vṛkṣāṇāṁ virā maḥ sakal āpadām ,
अभिरामस्त्रिलोकानां रामः श्रीमान्स नः प्रभुः ॥ १६ ॥
abhirāmas trilok ānāṁ rāmaḥ śrī mānsa naḥ prabhuḥ . 16 .

Trans:

He—who is the destroyer of every obstacle—who is, as it were, a grove of wish-yielding trees—who is the praise of all the three worlds—He Shrī Rāma—is our Bhagwān, Lord-God Supreme.

तरुणौ रूपसम्पन्नौ सुकुमारौ महाबलौ ।
taruṇau rūpa sampannau su kumārau mahā balau ,
पुण्डरीकविशालाक्षौ चीरकृष्णाजिनाम्बरौ ॥ १७ ॥
puṇḍarīka viśāl ākṣau cīra kṛṣṇā jinām barau . 17 .

फलमूलाशिनौ दान्तौ तापसौ ब्रह्मचारिणौ ।
phala mūl āśinau dāntau tāpasau brahma cāriṇau ,
पुत्रौ दशरथस्यैतौ भ्रातरौ रामलक्ष्मणौ ॥ १८ ॥
putrau daśa ratha syaitau bhrā tarau rāma lakṣmaṇau . 18 .

शरण्यौ सर्वसत्त्वानां श्रेष्ठौ सर्वधनुष्मताम् ।
śaraṇ yau sarva satt vānāṁ śre ṣṭhau sarva dhanuṣ matām ,
रक्षः कुलनिहन्तारौ त्रायेतां नो रघूत्तमौ ॥ १९ ॥
rakṣaḥ kulani hantārau trā yetāṁ no raghū ttamau . 19 .

Trans:

Full of beauty, charming youths mighty and strong, with lotus-like broad exquisite eyes, who have donned the bark of tree and dark deer skins, who subsist on fruits and roots, who live as celibates practicing penance, those sons of Dashrath—the two brothers Rāma and Lakshman—the foremost amongst all archers, the destroyers of whole race of demons, who give life and shelter to all beings—those best of scions of Raghus, may they grant protection to me.

आत्तसज्जधनुषाविषुस्पृशावक्षयाशुगनिषङ्गसङ्गनौ ।

ātta sajja dhanuṣā viṣu spṛśā vakṣay āśuga niṣaṅga saṅganau ,

रक्षणाय मम रामलक्ष्मणावग्रतः पथि सदैव गच्छताम् ॥ २० ॥

rakṣ aṇāya mama rāma lakṣmaṇ āvagrataḥ pathi sadaiva gacch atām . 20 .

Trans:

Accompanying me, with bows pulled and ready, with their hand stroking the arrows, with quivers full of unfailing arms slung on their back—may those wayfarers Rāma and Lakshman always stay in the front—as I traverse my path—granting their protective care.

संनद्धः कवची खड्गी चापबाणधरो युवा ।

saṁ naddhaḥ kavacī khaḍgī cāpa bāṇa dharo yuvā ,

गच्छन्मनोरथान्नश्च रामः पातु सलक्ष्मणः ॥ २१ ॥

gacchan manorath ānnaśca rāmaḥ pātu sa lakṣmaṇaḥ . 21 .

Trans:

Always prepared and armored—armed with bows, arrows, swords—of youthful forms—may Rāma and Lakshman always abide ahead of me, protecting my cherished thoughts.

रामो दाशरथिः शूरो लक्ष्मणानुचरो बली ।

rāmo dāśarathiḥ śūro lakṣmaṇ ānucaro balī ,

काकुत्स्थः पुरुषः पूर्णः कौसल्येयो रघूत्तमः ॥ २२ ॥

kākuts thaḥ puruṣaḥ pūrṇaḥ kausal yeyo raghū ttamaḥ . 22 .

वेदान्तवेद्यो यज्ञेशः पुराणपुरुषोत्तमः ।

vedānta vedyo yajñ eśaḥ purāṇa puruṣ ottamaḥ ,

जानकीवल्लभः श्रीमान् अप्रमेय पराक्रमः ॥ २३ ॥

jānakī vallabh aḥ śrī mān aprameya parā kramaḥ . 23 .

इत्येतानि जपन्नित्यं मद्भक्तः श्रद्धयान्वितः ।

itye tāni japan nityaṁ mad bhaktaḥ śraddha yānvitaḥ ,

अश्वमेधाधिकं पुण्यं सम्प्राप्नोति न संशयः ॥ २४ ॥

aśva medhā dhikaṁ puṇyaṁ sam prāp noti na saṁś ayaḥ . 24 .

Trans:

Rāma, Dāsharathī [Dasharath's son], Shūro [Brave], Lakshman-anucharo [whom Lakshman follows], Balī [Powerful], Kākutstha [Kakutstha's Descendent], Purusha [the Supreme-Reality beyond Māyā], Pūrna [Complete], Kausalyeyo [Kausalyā's son], Raghūttama [Best of Raghus], Vedānta-Vedyo [Import of Vedanta], Yagyesha [Lord of Yagya], Purāṇa [Ancient-Most], Purushottama [Supreme-Most], Jānakī-Vallabha [Sītā's Beloved], Shrīmān [Lord of Prosperity], Aprameya-Parākrami [Immeasurably-Brave]—they who recites these names of Rāma everyday with faith, such devotees of mine will assuredly get the fruit of Ashwamegha Yagya and more—of this let there be no doubt [says Lord Shankar].

रामं दुर्वादलश्यामं पद्माक्षं पीतवाससम् ।

rāmaṁ durvā dala śyāmaṁ padm ākṣaṁ pīta vāsa sam ,

स्तुवन्ति नामभिर्दिव्यैर्न ते संसारिणो नराः ॥ २५ ॥

stu vanti nāmabhir div yairna te saṁ sāriṇo narāḥ . 25 .

Trans:

Chanting these divine names and singing the praises of Shrī Rāma—He, who wears yellow raiments, the lotus-eyed Lord of dark complexion, of a swarthy hue as the leaves of dark *Doorba*—the faithful are never anymore trapped in the cycle of transmigration.

रामं लक्ष्मणपूर्वजं रघुवरं सीतापतिं सुन्दरं

rāmaṁ lakṣmaṇa pūrvajaṁ raghu varaṁ sītā patiṁ sundaraṁ

काकुत्स्थं करुणार्णवं गुणनिधिं विप्रप्रियं धार्मिकम् ।

kākut sthaṁ karuṇār ṇavaṁ guṇa nidhiṁ vipra priyaṁ dhārmikam ,

राजेन्द्रं सत्यसंधं दशरथतनयं श्यामलं शान्तमूर्तिं

rājendraṁ satya saṁdhaṁ daśaratha tanayaṁ śyāmalaṁ śānta mūrtiṁ

वन्दे लोकाभिरामं रघुकुलतिलकं राघवं रावणारिम् ॥ २६ ॥

vande lok ābhirāmaṁ raghu kula tilakaṁ rāghavaṁ rāvaṇā rim . 26 .

Trans:

Unto Rāma—the revered of Lakshman, the best of the House of Raghus, the most-charming Lord of Sītā, the ocean of compassion, the scion of Kakustha, a treasurehouse of virtues, the darling of the virtuous, most religious and wise, the Sovereign King of Kings, conjoined to Truth, the dark-complexioned son of Dashrath, Embodied-Bliss, the most exquisite in creation, the crown jewel of Raghus, slayer of the demon Rāvan—unto Him, Lord Rāghav, my repeated salutations.

रामाय रामभद्राय रामचन्द्राय वेधसे ।

rāmāya rāma bhadrāya rāma candrāya vedhase ,

रघुनाथाय नाथाय सीतायाः पतये नमः ॥ २७ ॥

raghu nāthāya nāthāya sītāyāḥ pataye namaḥ . 27 .

Trans:

I bow to Rāma; my obeisance to Rāmabhadra; my many venerations to Rāmachandra, the omniscient Lord-God Raghunāth; again and again my repeated salutations to Sītāpatī—the Lord of Sītā.

श्रीराम राम रघुनन्दन राम राम

śrīrāma rāma raghu nandana rāma rāma

श्रीराम राम भरताग्रज राम राम ।

śrīrāma rāma bharat āgraja rāma rāma ,

श्रीराम राम रणकर्कश राम राम
śrīrāma rāma raṇa karkaśa rāma rāma
श्रीराम राम शरणं भव राम राम ॥ २८ ॥
śrīrāma rāma śaraṇaṁ bhava rāma rāma . 28 .

Trans:

I stand in surrender to Shrī Rāma—Rāma, Rāma, Raghunandan [Raghu Scion] Rāma. I give myself unto Shrī Rāma—Rāma, Rāma, Bharatāgraja [Bharat's Elder] Rāma. I lay my life before Shrī Rāma—Rāma, Rāma, Rankarkasha [Terrible in Battle] Rāma. I take shelter in you O Rāma—Shrī Rāma, Rāma, Rāma. Be my sanctuary, O Lord-God.

श्रीरामचन्द्रचरणौ मनसा स्मरामि
śrī rāma candra caraṇau manasā smarāmi
श्रीरामचन्द्रचरणौ वचसा गृणामि ।
śrī rāma candra caraṇau vacasā gṛṇāmi ,
श्रीरामचन्द्रचरणौ शिरसा नमामि
śrī rāma candra caraṇau śirasā namāmi
श्रीरामचन्द्रचरणौ शरणं प्रपद्ये ॥ २९ ॥
śrī rāma candra caraṇau śaraṇaṁ prapadye . 29 .

Trans:

With my heart I reverence the feet of Shrī Rāmachandra. With my speech I make veneration to the holy feet of Shrī Rāmachandra. With my head I salute the sacred feet of Shrī Rāma. Bowing low I take complete refuge at the holy feet of Rāma—who is the cooling Moon to the burning flames of the world.

माता रामो मत्पिता रामचन्द्रः
mātā rāmo mat pitā rāma candraḥ
स्वामी रामो मत्सखा रामचन्द्रः ।
svāmī rāmo mat sakhā rāma candraḥ ,
सर्वस्वं मे रामचन्द्रो दयालु
sarva svaṁ me rāma candro dayālu
नान्यं जाने नैव जाने न जाने ॥ ३० ॥
rnā nyaṁ jāne naiva jāne na jāne . 30 .

Trans:

Rāma is my loving mother, and Rāma my protective father. Rāma is my gracious Lord, and Rāma my beloved friend. My everyone and everything is only Rāmachandra, the most-compassionate Lord. Other than Rāma I know of no other—absolutely, I know of no one except Shrī Rāma.

दक्षिणे लक्ष्मणो यस्य वामे च जनकात्मजा ।
dakṣiṇe lakṣmaṇo yasya vāme ca janak ātmajā ,
पुरतो मारुतिर्यस्य तं वन्दे रघुनन्दनम् ॥ ३१ ॥
purato mārutir yasya taṁ vande raghu nandanam . 31 .

Trans:

Who has Lakshmana to his right, and the daughter of Janaka to his left; before whom Hanumān is bowing down in reverence—to that Lord Raghu-Nandan I make my obeisance.

लोकाभिरामं रणरङ्गधीरं
lokā bhirāmaṁ raṇa raṅga dhīraṁ
राजीवनेत्रं रघुवंशनाथम् ।
rājīva netraṁ raghu vaṁśa nātham ,
कारुण्यरूपं करुणाकरं तं
kāruṇy arūpaṁ karuṇā karaṁ taṁ
श्रीरामचन्द्रं शरणं प्रपद्ये ॥ ३२ ॥
śrī rāma candraṁ śaraṇaṁ pra padye . 32 .

Trans:

The cynosure of eyes of all beings, the most valiant in battle, the lotus-eyed Lord of the Raghu-Lineage, the embodiment of compassion—unto that Lord-God Rāmachandra, in complete surrender I approach.

मनोजवं मारुततुल्यवेगं
mano javaṁ māruta tulya vegaṁ
जितेन्द्रियं बुद्धिमतां वरिष्ठम् ।
jit endriyaṁ buddhi matāṁ vari ṣṭham ,
वातात्मजं वानरयूथमुख्यं
vāt ātmajaṁ vānara yūtha mukhyaṁ
श्रीरामदूतं शरणं प्रपद्ये ॥ ३३ ॥
śrī rāma dūtaṁ śaraṇaṁ pra padye . 33 .

Trans:

Who is quick as the mind and equal to his sire (the Wind) in speed—unto him—who is the master of his senses and the foremost amongst the wise, unto him—the Son-of-Wind, the chief of monkey hosts—unto that messenger of Lord Rāma—Shrī Hanumān, I come seeking refuge.

कूजन्तं रामरामेति मधुरं मधुराक्षरम् ।
kū jantaṁ rāma rāmeti madhuraṁ madhu rākṣaram ,
आरुह्य कविताशाखां वन्दे वाल्मीकिकोकिलम् ॥ ३४ ॥
āruhya kavitā śākhāṁ vande vālmīki kokilam . 34 .

Trans:

He—who sports in the woods of the glories of Sītā-Rāma like a *koel*, who is ever singing the sweet name of Rāma sitting on the branches of poesy—to him, the grand sage Vālmiki, I offer my salutations.

आपदामपहर्तारं दातारं सर्वसम्पदाम् ।

āpadā mapa hartāraṁ dātā raṁ sarva sampadām ,

लोकाभिरामं श्रीरामं भूयो भूयो नमाम्यहम् ॥ ३५ ॥

lokā bhirāmaṁ śrī rāmaṁ bhūyo bhūyo namām yaham . 35 .

Trans:

Unto Shrī Rāma—who takes away all the perils and difficulties of life, who is the granter of all wishes and prosperities, who is the most beloved of all beings in the world—I bow; and I bow repeatedly.

भर्जनं भवबीजानामर्जनं सुखसम्पदाम् ।

bhar janaṁ bhava bījā nāmar janaṁ sukha sam padām ,

तर्जनं यमदूतानां रामरामेति गर्जनम् ॥ ३६ ॥

tar janaṁ yama dūtā nāṁ rāma rāmeti gar janam . 36 .

Trans:

The chants of the name of 'Rāma' is the fiery thunder which destructs the seed of the cycle of transmigration; it is the bestower of all felicity and wealth; and it puts fear even into the heart of the messenger-of-death.

रामो राजमणिः सदा विजयते रामं रमेशं भजे

rāmo rāja maṇiḥ sadā vijayate rāmaṁ rameśaṁ bhaje

रामेणाभिहता निशाचरचमू रामाय तस्मै नमः ।

rāmeṇ ābhihatā niśā cara camū rāmāya tasmai namaḥ ,

रामान्नास्ति परायणं परतरं रामस्य दासोऽस्म्यहं

rāmān nāsti parā yaṇaṁ parataraṁ rāmasya dāso 'smyahaṁ

रामे चित्तलयः सदा भवतु मे भो राम मामुद्धर ॥ ३७ ॥

rāme citta layaḥ sadā bhavatu me bho rāma mām uddhara . 37 .

Trans:

Rāma, the Crest-Jewel of Monarchs, is ever victorious; I sing the praises of Shrī Rāma, Lord of all beings. He Rāma, who decimated the whole army of night-roving demons, Him I devoutly revere. There is no greater refuge than Shrī Rāma; I am a servant of Shrī Rāma; my mind remains ever absorbed in Shrī Rāma. O Rāma, Lord-God Shrī Rāma, please redeem me.

राम रामेति रामेति रमे रामे मनोरमे ।

rāma rāmeti rāmeti rame rāme mano rame ,

सहस्रनाम तत्तुल्यं रामनाम वरानने ॥ ३८ ॥

sahasra nāma tat tulyaṁ rāma nāma varā nane . 38 .

Trans:

Rāma, Rāma, Rāma—chanting this beautiful Name Rāma, my mind remains ever absorbed in God. The one name 'Rāma' is equivalent to a thousand other names of God, O fair-faced [Umā—says Shiva].

॥ इति श्रीबुधकौशिकमुनिविरचितं श्रीरामरक्षास्तोत्रम् सम्पूर्णम् ॥

. iti śrī-budha-kauśika-muni-viraci-taṁ śrī-rāma-rakṣā-stotram sam-pūrṇam .

— Thus ends the Rāmrakshāstotram composed by Shrī Buddha-Kaushik Muni —

(Author of this Original Sanskrit Hymn is: Buddha-Kaushik Muni [Pre-historic Sage]. Translator: Sushma)

www.ingramcontent.com/pod-product-compliance
Lightning Source LLC
Chambersburg PA
CBHW080026130526
44591CB00037B/2686
* 9 7 8 1 9 4 5 7 3 9 9 9 6 *